LA DAMA INVISIBLE
(ANTOLOGÍA DE UN AMOR)

LA DAMA INVISIBLE (ANTOLOGÍA DE UN AMOR)

Deseo, amor y despedida

Christian Castañeda

Número de Control de la Biblioteca del Congreso de EE. UU.:   2015919713
ISBN: Tapa Dura   978-1-5065-0985-3
                 Tapa Blanda   978-1-5065-1003-3
                 Libro Electrónico   978-1-5065-1004-0

Información de la imprenta disponible en la última página.

Fecha de revisión: 25/11/2015

Para realizar pedidos de este libro, contacte con:
Palibrio
1663 Liberty Drive
Suite 200
Bloomington, IN 47403
Gratis desde EE. UU. al 877.407.5847
Gratis desde México al 01.800.288.2243
Gratis desde España al 900.866.949
Desde otro país al +1.812.671.9757
Fax: 01.812.355.1576
ventas@palibrio.com
728149

ÍNDICE

DESEO

DESEO; EL JUEGO DE SENTIRNOS SIN TENERNOS...

Para; Glayerlin Meza

1

. . . .

Y tú allá, abriendo tus ojos,
recogiendo los escombros
de la noche. Cepillas tu pelo,
te vez al espejo y sonríes.
Te vistes de prisa, la misma
camisa, los mismos jeans,
los mismos zapatos. Abandonas
tú casa, a vivir la rutina...

Y tu allá, el bus que no llega,
tu libreta y poemas. Por el
sueño bostezas, y piensas en ti,
y en tu vida. La brisa temprana,
te anima, te inspira. Están tus amigos,
los miras, te ríes, los cuidas. Luego,
tu escuela, tan fría, tan sola, tan
llena de ideas que explotan...

Y tu allá, respiras el aire, observas el
árbol, caminas las calles. Escuchas las
voces de gentes extrañas. Los ruidos,
las luces, los coches. Ansias libertad
con cada suceso. Defectos, accidentes,
momentos. Te esperas, te buscas,
te encuentras...

Y tú allá, te preguntas, ¿Que pasara?
¿Qué vendrá? ¿Qué hare? ¿Qué inventare
después? Vigilas tus pasos, esquivas las
rocas, y vuelves a casa despacio. Cansancio
que mata, tus pesares, sonrisas, errores y
aciertos. Tu refugio, tu casa...

Y tu allá, tu guitarra en la noche, el café
que acompaña. Un instante de ti, y el
recuerdo de todos. Alabanza al silencio.
De la sala a la cama, descalzos galopan
tus sueños. Y tu allá, luz de obscuridad,
suspiro eterno, la mujer que siempre
existirá. Y tu allá, sin mí.

2

....

Me desnuda tu mirada
cuando ignora. Me alocan
los besos de tu boca, cuando
callas. Los cuentos, que no salen
de tus ojos. Las palabras, que
mueren en tus manos...

Me alocas, con el viento de tus
alas a ras de cielo. Con tu encanto
que destruye los misterios. Con
esa sonrisa, motivo que alegra el día.
Con esa vida, tan tuya, tan mía...

Me alocas, con esa energía que inspira.
Con el viento que liberas si suspiras.
Con aquella melodía que enamora.
Con el sueño que regalas si despiertas...

Me alocas con aquella primavera en
tus caricias. Con la sombra de tu alma
cuando pasas. Con los bostezos del alba,
a los pies del ocaso. Me alocas, con ese
amor que inventamos.

....

3

. . . .

Muerdes tus labios, sin saber lo que dices.
Suspiras, me miras, sin saber lo que callas.
Tu mirada de azul cielo, algo confiesa, y no
la entiendo. Este amor que te tengo, es la
verdad, y es cierto...

Nada podrá detener el momento, ni la muerte,
ni el tiempo, que jura es eterno. Ahora sonríes,
pareces contenta, y beso en mi mente tu boca.
Tomo tu mano, me aferro a tu alma...

El mundo se detiene en la ilusión, de verme
vagando buscando tu rostro. Aclaras tu garganta,
y sigues en silencio contándome cuentos.
Tu pelo vuela, bajo el silbido del viento…

Muerdes tus labios, irradiando el deseo que me
hace enamorarme de cada segundo que vives.
De toda palabra que vistes con tu ternura.
Nada hará que se detenga, el poema de amor,
que te escribo dormido.

. . . .

4

....

Descansa en mi pecho, mujer de emociones
encontradas. Cierra tus ojos un poco, y no
despiertes mañana. Descansa tus labios, y
no digas nada...

Refugia en mis brazos tu nombre, y déjale
libre. Arrulla tu cuerpo, derrama en mis manos
el alma. Detén esos pasos andados, y deja que el
alba, despeine tus alas...

Suspira esa voz de ternura, no dudes sentirte
segura. Entrega tu pelo, que ruede hasta el suelo.
Que la piel de tu blanco cuerpo, se funda como
invierno en el mío...

Descansa en mi pecho, mujer de tantos encantos.
Te quiero observar cuando duermes, pensando
que sueñas conmigo. Refugia tu amor con el mío,
y vámonos yendo entre sueños.

....

5

....

Luz de siete días, como la vida misma.
Acaricio tu cara sin haberte tocado mis manos.
A falta de sueño, cántame ese cuento, con
tu voz de silencio callado...

Sentado a la orilla del mundo, me hacen falta
tus manos blancas. Veo el final de todo
firmamento, y busco mostrarte una estrella lejana.
Y busco, darte este sueño despierto...

Las palabras estorban, cuando sobran los besos.
Las almas no conocen distancias. Hay un sol
en cada ventana del mundo, y tantas noches,
en las que duermo a tu lado. Como lo extraño,
nos hace amarnos...

Podre contemplar el ocaso, pero no tiene caso, si
a mi lado sobra tanto espacio. Cuando cierro mis ojos,
solo yo sé lo que observo, solo yo sé lo que amo,
cuando sueño contigo.

....

6

....

¿Que no han visto tus ojos?
¿Que no ha callado tu frente?
¿Que no han gritado tus labios?
Que no han tocado tus manos...

¿A dónde no han ido tus pasos?
¿A quién no abrazaron tus brazos?
¿Con quién descubriste la lluvia?
A quien le regalas el alma...

¿Que no ha soñado tu mente?
¿Que no han contado tus palabras?
¿A quién no han conquistado tus encantos?
A quien le regalas confianza...

¿Que no ha ganado el amor que tú sientes?
¿A quién le has mandado el suspiro que
hiciste? A quien le has dado, el poder
de tu risa...

¿Que no han perdido tus miedos?
¿Que no has logrado por fe?
¿Que no has soñado despierta?
Y que tan lejos te has ido, que mueres
conmigo. ¿Quién no te ha escrito,
los versos de amor que le inspiras?

....

7

....

De la rosa que regalas, yo desprendo
primaveras. Oh bella flor de mi campo,
te ofrezco a tus pies el silencio.
Confieso, decir lo que siento...

Tu amistad me parece divina, y el sol
que nos mira, pretende quemarnos el cuerpo,
y aun con amor, estamos tan contentos.
De la rosa que regalas, ya no sé que
escribirte...

Hay un llano allá donde miras. Tan lejano,
tan extraño, que parece conocerme. Con
ganas de hablarte, despierto de un sueño
profundo...

Se acaba el desierto que tuve. Comienzo a
nadar en tus mares. De la flor que regalas,
nacieron mis versos desnudos. De la flor que
regalas, puedo robarte un segundo, y darte
mi vida a escondidas.

....

8

. . . .

Pienso en ti, como aquella maravilla que
existe. Como ese milagro que solo Dios
hace posible. Como aquellos besos sin
prisa, que siempre están presentes, que
siempre están a tiempo…

Pienso en ti, como la única frase que tiene
sentido. Como la fe, que me lleva a morir
a tu lado. Como el suspiro de humo, que
libera mi alma…

Pienso en ti, como pienso en el alba, tan
libre, tan bella, tan llena de luz.
Como aquella mirada, que derrama inocencia.
Como aquella caricia, que se pierde en tus
manos…

Pienso en ti, como aquello que es mío,
que sabe a ti. Como aquella sonrisa,
que tanto me inspira alegría. Pienso en ti,
porque así, puedo creer que eres mía,
y darlo por hecho, todo el día.

. . . .

9

....

Como esa nube invisible que acosa tus
pasos. Como ese suspiro que flota en el
viento y no quiere marcharse. Yo estoy
ahí, como la luz del sol, que alumbra tu
cuerpo. Como la piel, que cubre la desnudez
de tu alma…

Ahí, como el paisaje que viste tu presencia.
Como el perfume que sale, y hace de la esencia,
el beso que no me has dado. Ahí, detrás del
te amo, que le has entregado al amante
heredado del tiempo. Ahí, con tus manos…

Yo estoy ahí, como la gota de café, que se
derrama de tus labios besándote hasta el nombre.
Cuando estas con él, yo también estoy ahí.
Viéndote, viéndolo, con ojos de duda, caricias
de nostalgia. Yo estoy ahí, y lo sé muy bien,
y lo sabes también…

Puedo sentirte pensando en hablar de tus sueños.
Puedo escucharte cantarle. Yo puedo verte extrañarme
en silencio. Gritas mi nombre y estoy ahí. Viajo
dormido, y sueño despierto contigo. Yo estoy ahí,
detrás de un sentimiento, haciendo esquina.
Yo estoy ahí, viéndome, viéndote, viéndonos.

....

10

....

¿Cuantas fantasías escondes en tus labios?
Exquisitas caricias, que resanan las heridas
de mi alma. Uso mis manos, para verte
en mis sueños...

Se envuelven en el viento los suspiros,
flotan lejos, se buscan, se abrazan. Descienden
del cielo siete estrellas, y al universo, le devuelvo
mi nombre...

¿Cuantas fantasías escondes? Cuando eres la flor,
el campo y el silencio. El bello color del sol, y
el suave matiz, que se eterna en mi lienzo...

A base de versos, no gano las llaves del tiempo.
A base de momentos, no se heredan recuerdos.
A base de fundamentos, jamás se encuentran las
verdades...

¿Cuantas fantasías encarcelas en tu mente? ¿Cuantos
sentimientos encontrados que buscan perderse?
Yo bese con mis labios al fantasma de tu sombra,
y le ame locamente.

....

11

....

Dame aquellos besos con el último
aliento de tu boca. Mírame, cuando
cierres tus ojos, suéñame. Abrázame
con el alma, disuelve este frio…

Naufrágame en este barco sin velas.
Regálame tu mirada, bajo la luz de
una estrella distante. Amárrame a tu
cintura, y por amor de tu vida,
no me sueltes…

Deja tus huellas en los archivos del
cuerpo. No pienses nada, y bésame
el pensamiento. Con esa dulzura infinita,
detenme el tiempo…

Derrama tu esencia en el viento. Dame tu
amor si lo escondes. Invéntame un cuento
sin hambre, y adorna con tu nombre,
la fe que maquille mis pasos.

....

12

....

Hermosa mujer, aquel suspiro,
que robas de mi cuando pasas.
Aquellos sentimientos, que
florecen si saludas...

Hermosa mujer, adorno que
lleva puesta la vida. Elegante
silueta, que le hereda el arte
a los paisajes. Fragancia de
rosal, melodía de siete voces...

Hermosa mujer, que sola se
se queda, con todo y lo poco
que tengo. Que pasa de prisa,
que no se detiene, que busca la
vida. A plena luz de fantasía,
se sueña despierta, consigo misma...

Hermosa mujer, que me deja su
sombra, a los pies de su ausencia,
y casi muerta. Si tocara a las puertas
del alma mi poema, abrirle pues,
que trajo entre sus manos, palabras
de amor que nunca vuelven.

....

13

....

Puedo hablarte, aunque estés distante.
Puedo hablarte, aunque callen con odio
mi boca. Con la voz del atrevimiento,
puedo hablarte del arte, de amarte a
escondidas...

Puedo hablarte, de los cuentos que invento.
Del silencio, que amo y defiendo. De los
estragos del recuerdo. Puedo hablarte,
de lo bella que luces, sin verte...

Tanta es la pasión del poeta que escribe mis
versos. Que puedo hablarte, de aquello que
miras, de aquello que olvidas, de los sueños
que sueñas...

Puedo hablarte, que del aire que respiras, robo
los suspiros. De aquellas fantasías que tanto
escondes. De las finas zapatillas, que aún no
te has puesto. Puedo hablarte, del amor que
sentimos, sin habernos conocido.

....

14

....

¿Cómo explicarte? El abrazo del alma,
el beso del viento, la risa del alba.
La nostalgia del mar, y el final de los
cuentos...

¿Cómo explicarte? La sonrisa del
tiempo, la canción del silencio, el
adiós de los muertos, el motivo de nada,
la razón del misterio...

¿Cómo explicarte? Las historias del árbol,
el secreto del agua, el café de la tierra.
El azul de los cielos, la pasión del olvido,
y las horas que vivo...

¿Cómo explicarte? La palabra que escondo,
los pretextos del sueño, la apatía de la
luna. El balcón de la alegría, de mis noches,
y mis días. ¿Cómo explicarte? Este amor
al amarte.

....

15

....

Del cuento de tu boca, se desprenden
cien finales de mágicos principios.
Del claro resplandor de tus pupilas,
se desbordan los mares que conforman
mis paisajes...

Del suave delirio de tu risa, hermosas
melodías que se liberan, enamorando
lo que veo. Del idioma de tu nombre,
me adueño de un vocablo extraordinario...

Del perfume de tus manos, se alimentan
los futuros. Que de hermosa es la vida,
que se rinden a tus pies las alegrías, y siguen
a tus pies las fantasías...

Del cuento que me invento, nacen los
momentos. Y es el tiempo, un amante a mi
merced. No me despiertes si pretendo
imaginarte. Que del cuento que me invento,
naciste tú también.

....

16

....

Y yo aquí, despierto mis ojos con
gestos de amargura, callados, callados.
Me entrego al bostezo, despido a la noche.
El alba, me lleva, me aleja, me pierde…

Y yo aquí, vistiendo mi roja camisa, mis
gafas, mis jeans, mi cara de extrañez de
quien la mira. Las frases de café, que buscan
debutar en la poesía…

Y yo aquí, los coches que esquivo de prisa.
La gente que toreo por la banqueta. Las voces,
los dramas, las escenas de teatro en cada esquina…

Y yo aquí, perdido en fantasías, pensando que
te miro en los cristales. Que te encuentro en cada
calle. Que al oído, tu susurro me adormece. Que
gozo del amor de quien lo tiene…

Y yo aquí, mostrándote la vida, con ese amor a
escondidas, para los ojos que te miran. Con tu
afecto, pretendo sentirme acompañado. Cada día,
cada luna, cada noche fría. Y yo aquí, a medio día,
y sin ti.

....

17

....

Detén tus palabras cansadas, aplaca tu voz
rasgada. Hazle caso al silencio, y calla ya, que
duermen los niños del mundo…

La vida tan frágil que cuelga de un hilo, y la muerte
tan libre, que se va con cualquiera. Es como sea,
la solución a los problemas…

Dile a tus gritos que guarden cordura. A tus palabras,
que disimulen la osadía. Calla ya, que no tenemos
todo el día…

Controla tus suspiros, que hacen mucho ruido.
Encarcela los bostezos, esos que se roban los sueños.
Calla ya, que mí voz te lo ordena. Habla ya,
que mi amor sin tu voz desespera.

....

18

....

Apagas las luces, desnudas tus manos.
Se agota el invierno, y el amor que nos
damos, motiva a la hoguera que arde
en tus labios...

Apagas las luces, brillan tus ojos.
Suspira tu pecho, suspiros de amor
invisible. Derramas tu esencia,
me hundo en tu boca...

Apagas las luces, vigilas la noche.
Atrapas mis sueños, liberas el alma.
A los pies de la cama, tus cuentos
de fe, me arrullan, me duermen...

Apagas las luces, adornas la vida, dejando
tus huellas. Re alzas tu vuelo, y olvidas tus
alas. Apagas las luces, te fundes conmigo.
Hacemos destino, cuando sueño, y me
sueñas contigo.

....

19

....

Hablo de lo que nunca ha llegado.
Hablo de las flores, como si fueran
el legado de los campos. Tan libres
son las nubes, que no puedo
alcanzarlas...

Hablo del viento, que se roba los
suspiros del alba. De los cuentos
del árbol, bajo la luz de una noche
estrellada. Hablo del tiempo, que
se adueña de todo y de ti...

Hablo de aquellas caricias que
desnudan el alma. De aquellas tus
pupilas hechiceras, que se roban lo
que miran. Hablo de la lluvia, que
resbala ahogándose en tu cuerpo...

Hablo de la mañana que se rinde a
los pies de tu mirada. Hablo de tu boca
y de tus labios, que me besan cuando
duermo, que despiertan cuando sueño.
Hablo de fantasías, porque solo ahí
te encuentro.

....

20

....

Sueño nuestro, que estas en nuestras mentes.
Santificados sean tus dominios. Venga a nosotros
tus cuentos. Hágase tu voluntad, cuando duerma
y despierte...

Danos hoy nuestro amor de cada día.
Perdona si dudo del arte, así como perdono
a los farsantes. No nos dejes caer en realidades,
y líbranos y guárdanos de despertar...

Pues tuya es la mente, el cuerpo, y el tiempo.
Gracias sueño nuestro, que me das la alegría,
de amarla como quiero, y de amarnos en tus cielos.

....

AMOR

AMOR; UN SUSPIRO INTERMINABLE...

1

Pequeña luz de horizonte.
Caminas llevando contigo
mis noches. Tus ojos, paisaje
de bellos colores...

Pequeña luz de horizonte.
Caminas besando tus pasos,
tus suelos de vida...

Tranquila navegas tus mares,
esos que son de tu boca. Las
aves, que cantan en tus tejados...

Pequeña luz de horizonte.
Caminas tus llanuras nubladas.
Tus lágrimas de amor a cascadas...

La luna callada, y el amor en su cuna,
arrullándose susurrando ternura.
Pequeña luz de horizonte. Caminas
llevando en tus manos el arte...

Y estas ganas de amarte, que solo
yo las comprendo.

2

Sabes callar mi insistencia.
Eres capaz de calmar mí
arrogancia. Entiendes con
amor mis disgustos…

Sabes robar mi sonrisa.
Eres capaz de aplacar mí
prisa. Comprendes con fe
mis sueños, mis locuras…

Sabes rendir mi cuerpo a
tus pies. Eres capaz de
beberme a caricias y
ahogarme después…

Sabes descifrar mi silencio,
detener el tiempo, y
guardarme en tus ojos.
Eres capaz de adornar con
tu piel mi poesía…

Amor, con un beso anocheces
el día, y haces de sueños mi
vida.

3

Mujer de la nada. Llegaste descalza,
tranquila y soñando. Callada, hiciste
tanto ruido...

Mujer de la nada. Como las aves de
invierno, hiciste de mi alma tu nido.
Con tus alas de gloria y tus ojos
azules, me enamore...

Noches en vela buscándote en
sueños. Valieron la pena mis
manos, narrándote versos...

Mujer de la nada. Tú esencia
proviene de los rincones más
hermosos del mundo. Del huerto
de todas las flores, solo tus colores
me dominan los sentidos...

Que tan mal habría buscado,
que vine a encontrarte en el alma.
Dulce amada mía, eterna paz,
y este amor, que hace en tu voz
la guerra.

4

Soy lo que tocas. Eso que susurras
por miedo a gritarlo. Soy el color
de tus pinturas. La tiza de tu
lápiz cuando escribes...

Soy tu mirada. La taza de café
que te despierta. Tu reflejo en el
espejo. Tu sonrisa, tu alegría...

Soy lo que sientes. Esa intensidad
que te da identidad. Las frases que te
hacen suspirar. Esa emoción, que
nunca se va...

Soy tus ganas de soñar. Melodías
que te hacen cantar. Tus pies
descalzos sobre el mar. Esa verdad
que te mueres por negar...

Soy un segundo de ti en la soledad.
El silencio que te hace pensar. Soy
tus ganas de volar. El alma que respiras.
Amor, soy la vida que me das
con lo que inspiras.

5

Me gusta que estés así,
tan libre con todos tus
sentidos. Tranquila, presente
frente a un mar de
suspiros, tan míos, para ti…

Me gusta que estés así,
tan fuera, tan dentro del alma.
A paz con el alba, rendida
a los pies del ocaso, que
anida en tus ojos de invierno…

Me gusta que estés así, escrita
en la palabra, plasmada en un
retrato. En cada instante, a cada
rato, siendo nada y siendo todo…

Me gusta que estés así, amada
con toda la entrega. Me gusta que
estés así, soñada, siendo mía.
Amada, toda la vida.

6

Se me antoja el mar en tu mirada.
Pequeñas tempestades que
derraman tus pupilas. Quiero divagar
en tus ojos, naufragando mi barca
en tu boca...

A besos, desatar la tormenta. Desviar el
curso de los valles, por donde pasan
tus caderas. Deshacerme en el viento,
que regalas a suspiros...

Se me antoja el mar en tu mirada.
A las costas del alma, llegan tus aguas
templadas, calladas. Tu nombre,
que corre veloz y despierto, como
vaga tu pelo...

Se me antoja el mar en tu mirada.
Pequeñas tempestades, al ras de tus
pupilas, en el aire que respiras.
Se me antoja la vida, cada vez que
me miras, con el mar en tus pupilas.

7

Que tan hermosos lucen tus labios,
cuando están callados. No dicen
nada y sin embargo puedo escucharlos...

En tus ojos encuentro aquel origen de
toda la vida. Aquel destello de luz, que
le da sentido a lo que existe. Aquella
maravilla, de observar un mar en tus
pupilas...

Déjame libre con tus manos, y haremos
un paisaje de amor interminable. Días
que parecen infinitos, las horas que
pasan de paso...

Que tan hermosos lucen tus labios,
cuando están callados. No dicen nada
y sin embargo, parece que tu
silencio me ha enamorado...

No dices nada, y como te amo.
callada dama blanca. Oasis de
poesía, viento del alma mía.

8

Estas aquí, como están las aves.
Como el ruido de los coches, como
la prisa, el estrés, y la voz de la gente…

Estas aquí, como el azul que se diluye
al ras del cielo. Como las calles que
navego. Aquí como el frio, el viento,
la lluvia…

Estas aquí, como está la duda, la angustia,
la verdad, la fortuna. Aquí, como estas
palabras que te escribo…

Estas aquí, como lo están estas manos.
Como lo están estos ojos, como lo
están estos labios que buscan tu boca.
Aquí, como lo están estos versos,
que justifican por amor mi locura.

9

Vida, eres así de bonita. Blanca
como tus nubes. Azul, como tus ojos,
como tu cielo. De boca libre, de
donde nacen los besos, y se refugian
las palabras…

Vida eres así de bonita, como el alba.
Fugaz como el ocaso, y eterna como
el alma. Pasan las horas y no te detienes.
Tus alas al viento, hermosos sentimientos…

Vida, inevitable es no entregarte las gotas de
lluvia, que remojan los tejados. El aroma del
café, que a tu salud te dedico. El único
segundo de fe, que me motiva a seguirte…

Vida, eres así de bonita. Que tan linda luces
en la sonrisa sincera de los niños. En la
Magia que se inventa el perdón. En mis manos
cuando le escribo, a la mujer que se
adueña de estos versos. Eres así de bonita,
como la vida.

10

Irremediablemente mía.
Condenado a su belleza.
Devorándose del alma la poesía.
Retocando con su arte, los
colores, mi paisaje…

Irremediablemente mía.
Desbordando con caricias
sentimientos. Ahogándose
en sus aguas mi velero.
Quedándose en mi cuerpo
su figura. Bella, hermosa
escultura…

Irremediablemente mía.
Atrapando con pucheros mí
cariño. Retratada en mis pupilas.
Se hace del aire que respiro, y todo
lo que miro…

Irremediablemente mía.
Defendiendo con su esencia
sus dominios. Haciendo de suspiros
mi camino. Siendo ella, el único
destino que persigo.

11

Eso de quererte me está gustando.
Eso de darte un beso amaneciente,
que reciba por los dos el alba...

Eso de estar a tu lado, envuelto entre
sueños y sabanas despeinadas, eso
me está gustando...

Colarme por el aire de tus labios, beber
tus suspiros. Buscar el alma, eso me
está gustando...

Eso de reírme con tu risa, de quedarme
aunque tenga prisa. De darte mi horizonte
sin fronteras. Eso de soñarte por las noches.
Eso de buscarte entre la gente...

De darte a cuenta gotas mi locura, disfrazada
de poesía. De amarte amada mía. Eso me está
gustando, como me gustas cada día.

12

Me siento morir, si me miras a los
ojos y conquistas mis pupilas.
Si callada, me confiesas tus suspiros…

Me siento morir, si en tus brazos
se refugian mis motivos. Si todo lo que
escribo, lo haces primavera…

Me siento morir, a cada instante sin ti.
Preguntándome; ¿A dónde irán tus
pasos? ¿Irán de prisa? ¿Irán descalzos? …

Me siento morir, al huir tras de ti en
un pensamiento. Al buscarte al ras de
todos mis sentimientos…

Me siento morir, cuando así de la nada,
un bostezo se lleva mis sueños.
Cuando así de la nada, tus besos
se roban el alma.

13

Yo lo sé, cuando callas y te
escapas de tu realidad. Cuando
el viento de tu boca, llega a la
mía entre suspiros...

Yo lo sé, cuando el alma que es
muy mía, se desprende de mi
cuerpo, buscando el tuyo.
Cuando te escucho me desarmo,
me diluyo...

Yo lo sé, a latidos este amor
por donde vas. Refugiándose en el
arte que regalas de tus manos...

Yo lo sé, cuando vagas junto a mí,
deshaciendo fronteras. Yo lo sé, el amor
de los dos dibujado en las estrellas.
Yo lo sé.

14

Me gusta el socialismo que hace
en tus ojos su patria. Amor del alma
enamorada. Despeinada, así como
si nada...

Benditas son tus blancas manos.
Pequeñas nubes, que pintan mí
mundo. Bendito aquel suspiro de
esperanza, de tu boca, de la mía...

Mi destino tendido en tu camino.
Mi nombre aferrado a tu apellido.
Y en todo lo que digo, tu voz
en mi silencio, mi alegría...

Me gusta el ruido en tu tormenta.
El beso de tu cuerpo, el viento en tu
cabello. Me gusta la poesía,
que entregas con tu vida.

15

Y dios entonces se inspiró…
Tomo la belleza y la encarno.
Le puso un suspiro en la mirada,
reflejos de poesía, una canción
en su voz, y llenándole de amor,
le enseño a caminar….

En el jardín de su alma, puso
entre pastos de verdes paisajes,
una semilla de fe inquebrantable.
Entonces al ver su belleza encarnada,
cubrió su desnudez con la paz de la vida…

Refugio los mares en el vientre de
su boca. De sus ojos, los colores que
bañaron los paisajes. De su mente, el
universo a los pies de su hermosura…

Le vio descalza y puso en sus pasos
el destino. Abrigada en el camino,
la vio respirar, y le otorgo en la sonrisa,
un firmamento de estrellas y en bostezos
la noche, el horizonte entero…

Al verla andar, su bendición en una oración
que grabo en su memoria. Encendió el
corazón y con él, sentimientos. Llevándose
consigo la ternura, en sus manos, dejo
la esencia, ¨dejaba el arte en sus manos¨…

Entonces al verle dios se inspiró, y al darle
el mundo, ella escogió una nube. Así apareció
su inocencia, y entonces fue perfecta, verle
hablar con las flores. Y fue entonces, que dios
nos dio tu nombre... ¨Mujer¨.

16

Tengo ansias de verte.
Necesidad de verte.
Deseos de verte.
Tengo ganas de verte...

Tanta es la urgencia de verte,
que puedo dibujarte en la nada
blanca y abstracta, que forman
las nubes al encontrarse...

Tengo esperanzas de verte.
Hambre de verte, sed de verte.
Tengo sueños sin verte...

Tengo prisa de verte.
Siglos sin verte. A voz de
valiente, grito y protesto. Me callo,
y suspiro, tengo ansias de verte.

17

Me encanta cuando el amor es indomable,
Salvaje y desbordante. Ignorante de razones,
cerrado a sus emociones, y sordo a suposiciones…

Me encanta cuando el amor es errado, valiente y
destrancado. Ilusionado, guerrero y desatrampado.
Cuando es una historia, un chiste y un cuento…

Me encanta cuando el amor es silencio, gritos, abrazos
y besos. Cuando es inocencia, experiencia y destino.
Cuando es la razón de una vida…

Me encanta cuando el amor no termina. Que renace, que
lucha, que vence y florece. Me encanta cuando el
amor es eterno, del alma y verdadero. Me encanta
cuando el amor eres tú.

18

Me gustas a duelo, entre guerra y paz.
Entre beso y caricia, desafiando palabras.
A duelo, callada en mis frases...

Te amo así, al desnudo, al desvelo. Entre
hombro y cabello, de pupila a pupila. Me
gustas a duelo, entre nubes y cielo...

Tanto me gustas, que a duelo te amo. Entre
sueño y fantasía. Entre cuento y poesía.
Entre llanto y sonrisa...

Me gustas a duelo, de horizonte a
firmamento. A libertad, como el alma
en un suspiro...

Te amo si, como tú me amas. A merced
de sentimientos y emociones encontradas.
A duelo, en este amor que se antoja eterno.
Cuando digo que dices mi nombre y a duelo
se escapa un suspiro.

19

Callada gritando en mis sueños.
Yo si te amo, hundido en el mar
del amor, ahogado en sus aguas
profundas...

Volando a libertad, como vuelan las
flores, como florecen las aves.
Despeinada en tus manos,
despierta el arte...

Se van al aire sentimientos que buscan
tu boca, tu cuerpo, tus ojos.
Vida eres, que del alma,
me haces existir...

Callada gritando en mis sueños, me gustas
eterna. Dibujando momentos.
Veo deslizarse en mi verso, una caricia,
y un beso con sueño...

Pareces el alma, si abrazas mi cuerpo,
y confieso. Yo si te amo,
como dios al universo.

20

Quiero besar tu sonrisa.
Hundirme sin prisa en tu boca, y hallar
tranquilidad en tu mirada…

Bendita tu voz que me hace feliz.
De la nada en un suspiro, llegan versos,
que narran tu cuerpo…

Como vives en mi alma, haces
ruidos de esperanza. Como heredas
la calma, como apresas mi vida.
Como sueñas lo que miro…

Quiero besar tu sonrisa. Llevarte mía
en lo infinito. Andar descalzo aferrado
a tu paso. Quiero besar tu sonrisa. Así,
así como besas mi vida.

21

Eres perfecta, puedo gritarlo a siete voces.
Porqué la tenue luz de tus ojos azules, alumbra
los míos. Porqué en tus labios, se marca mi paz,
e inician mis guerras…

Eres perfecta, puedo gritarlo a siete voces.
Porqué los pies que sostienen tu cuerpo,
conocen la verdad del camino. Por que
a las faldas de tu sombra, todas las noches
refugio una luna…

Eres perfecta, puedo gritarlo a siete voces.
Porque maquillas el alma con polvos de ternura.
Y como corre tras de ti la belleza, despojándose
al andar de sus tacones. Llegando descalza, a
destiempo y desnuda…

Eres perfecta, puedo gritarlo a siete voces.
Porque a todo lo vivido, le pongo tu risa. Eres perfecta,
por que nacen de ti, palabras que llegan del alma.
Calladas, tranquilas, de amor, verdaderas.

22

Tenías que ser tú, la luz de mis pupilas.
El ruido callado de mi voz. Los besos de
mi boca, lo versos, la poesía…

Tenías que ser tú, la suave agonía del amarte
a cada día. El cuerpo, la risa, el corazón,
las palabras…

Tenías que ser tú, el refugio de mis manos.
Las ganas de volar cuando hablamos.
La ternura, que se ropa mis suspiros…

Tenías que ser tú, incansable alegría, impensable
y verdadera. Entrega de lucha, tus besos con
causa y delicia…

Tenías que ser tú, presencia que siempre me
cuida. La razón que me inspira. Mujer, tenías que
ser tú. Precisamente tú, el amor de mi vida.

23

Eres poesía, sensualidad que enamora.
Tus pasos, tus ojos, tu frente. Eres poesía,
mujer valiente de sentimientos encontrados…

Eres poesía, voz de bella melodía. Participe
importante de cada segundo de mis días.
La dueña de mis noches cuando sueño…

Eres poesía, ocaso de verano, mi estrella
de mar. El tímido aliento de un suspiro,
que libera el corazón si te miro. Eres poesía,
como eso que escribo…

Llegando al final de mi cuento, me siento a
escuchar tu silencio. Eres poesía, como esos
besos de vida, eres eterna…

Como esta voz que sin garganta, se alza a
gritar que te ama. Tu mujer amada, eres la poesía,
que le faltaba a la mía.

24

Y ¿Si a voz de susurro puedo escucharte?
Oh bella dama invisible. El viento al alma
en melodía, refugiado en un suspiro.
Callado y tranquilo, como grito en lo que
escribo...

Ligero sentimiento roza el cuerpo. Como brisa
de invierno, que estremece la calma. Oh bella
dama invisible. Sensible al paisaje que narran mis
manos...

Como liberas el alma, entre goce y calma. Oh bella
dama invisible. Muero si fuese posible, abrir y
mostrar como es el invierno, tal y
como lo has imaginado...

Al mundo regalo nuestra historia, mostrándola en
poesía. Tan llena de magia, tan llena de amor
y valentía. Disculpas entonces pido, si callarme
que te amo es imposible. Oh bella dama invisible.

25

Amor, son tus ojos, tu frente,
tu espalda. Tus manos, tu nombre,
tu sonrisa…

Amor, es tu alegría, tus manías,
tus ideas, tus consejos, tu tristeza,
y tus miedos…

Amor, es lo que hacemos juntos.
Aquello que nace de ti. Saber que aquí,
no es aquí, si no estás aquí…

Amor, es tu espacio. Tú figura
reflejada a la luz tras las cortinas.
Tus pinturas, tus zapatos. Es tu ruido
y tu silencio..

Amor, es tu rutina, tus horas
ocupadas. Amor, son los momentos,
esos que sabes darme. Esos que son
Inolvidables.

26

Tomo lápiz, una hoja y enciendo el corazón.
Subiendo a todo la emoción. Comienzo por
su pelo, que es dorado y de ensueño…

Después procedo con su altura, que no es
tan bajita, ni tan alta. De piel blanca eso sí,
muy blanca. Mi dibujo marcha bien. Cuando
hago sus labios y son muy bellos…

Me regreso y dibujo sus ojos. Me pierdo
imaginando, y le pongo azul a sus pupilas.
Me gusta que me mira. Su nariz es un poema…

Ahora amoldo con mis manos su figura, y
pierdo el alma en su belleza. Rendido a sus
pies, que son pequeños y están descalzos…

Le falta voz, y le guardo un suspiro. Le hago
hablar, le enseño el idioma, y dibujo su acento.
ese que enamora. Visto ahora su cuerpo,
Le pinto emoción. Maquillo su amor y
la miro andar. Como amo su paisaje,
como amo su arte.

27

Dueles, porque no puedo verte.
Dueles, porque robas mi aliento.
Dueles, porque eres lo único que observo.
Porque estas en lo que digo, por eso dueles...

Dueles, porque solo a ti te escribo.
Dueles, porque solo a ti te beso.
Porque siento amarte, con tanta gana.
Dueles con coraje...

Dueles, porque nadie me enamora.
Dueles, porque cada melodía de tu voz
me desarma. Dueles, porque ahí entre
sabanas, estas en mi cama, porque no puedo verte...

Dueles, porque ausente estas en cada instante.
Dueles, porque eres lo único que me importa.
Porque solo a ti te busco en momentos de pena,
goce y alegría. Dueles, porque ya eres mi vida.

28

Ella en mí, luces del alba, que amanecen el alma.
Destellos de horizonte en mi mirada.
Un firmamento, que se esconde en mi silencio...

Ella en mí, un oasis de emociones sin sentido.
Amor descontrolado, en todo lo que escribo.
Un momento, para hablar sin fundamentos...

Ella en mí, pretexto de guerra, razón de paz.
Ilusión sin fronteras, fragancia de esperanza...

Ella en mí, suspiros de garganta. Gestos de
felicidad. Las ganas de soñar por donde va.
Mis manos que buscan su piel...

Ella en mí, sabor de café al atardecer.
El mejor estilo de vida. Ella en mí, la
única forma de existir.

29

No te has dado cuenta, que navego
entre suspiros, por los mares de tu
boca. Que tanto buscado es tanto
encontrado...

No te has dado cuenta, que al nombrar
al alma, lo digo en serio. Que de sueños,
se construyen los castillos. Que tanto
te he soñado...

No te has dado cuenta, del intento de mis
manos, que luchan por tus brazos. Que
en aquellos pensamientos, yo te expreso
lo que siento...

No te has dado cuenta, de cómo mi
alegría, se aviva en tu risa. De como
la vida parece ser distinta, cuando
tienes lo que amas. Y yo que si te tengo,
vivo mi vida contento.

30

Llegue hasta aquí enamorado.
Sin alas, descalzo, sin pasaporte.
Con una corbata alquilada. Camisa
blanca, y un saco en polvado. Mis pantalones
largos, y mis zapatos andados…

Llegue hasta aquí, en tres carabelas.
Pisando las tierras de todos, escribí como
nadie. Llegue hasta aquí enamorado. Soñando
y atado a un suspiro…

Con la voz a flor de garganta, cante tres
consejos. No voy tan lejos, de aquí a mí
asiento, pero contento. Sabiendo que
nadie pudo callarme en mis poesías…

Te agradezco a ti con mi alma que es
muy tuya. Y disculpa a este amor si molesta,
que protesta, y sigue en guerra haciendo ruido,
al ras de tu olvido.

Y DESPEDIDA...

Y DESPEDIDA; UN HASTA SIEMPRE SIN GANAS DE VIVIRSE...

1

A los pies de la cama, se desnudan
mis sueños, y busco tu nombre en
mis manos. Los versos más bellos, no
son en vano...

Del cielo despego una nube, regalo
mi alma a los pobres, y compro mi esencia.
Los versos más bellos, son de tu boca...

Tus ojos de luna, que adornan mi noche.
Te canta el silencio canciones de viento.
Los suspiros son testigos del cansancio
de los sentimientos. Los versos mas bellos,
se inventan solos...

A la luz del alba se escapa el bostezo.
Es el tiempo, un rebelde en el país de los
años. Los versos más bellos, florecen
en marzo, y mueren de olvido a mediados
de mayo...

2

Poesía, como duele vida mía.
Como gusta cada día, como muere
cada tarde. Poesía, entonces poesía.
Para desviar la realidad, y soñar con los
ojos despiertos…

Poesía, como duele vida mía.
Como nace de tu aurora y se olvida
de la mía. Poesía, entonces poesía.
Para andar sin detenernos, y amar sin
despedirnos…

Poesía, como duele vida mía.
Como pasan las horas sin rimar.
Como a las faldas del mar,
naufragan mis pies descalzos.
Poesía, entonces poesía, para
hablar sin redundarte…

Poesía, como dueles vida mía.
Como grita en soledad, como ríe
en compañía. Poesía, entonces poesía,
para desviar la realidad, y decir que
eres mía, siempre mía...

3

Ama aunque ames mal.
Sueña que vuelas sin soñar.
Ríe contenta al dejar de llorar.
Suspira tranquila al recordar…

Sin dar paso atrás, pisa al frente.
con el alma en las manos, y
el corazón valiente. No descuides
tú existir, y dale tiempo al porvenir…

Ama aunque ames mal.
Calla fuerte sin gritar. No reprimas
tu ansiedad, no odies la soledad.
Espera el bien y espera el mal, cuando
vayas a amar, aunque ames mal…

Ama aunque ames mal.
Dale tiempo al ojala, y un adiós al
después. No recuerdes que se va,
no olvides que se fue. No te hundas
en el mar, y ama aunque ames mal…

4

No voy a dejar de amarte.
No después de los días, no
después de los meses, no
después de los años...

No voy a dejar de amarte.
Ni aun después de la muerte,
por más loco que esto suene.
Seré sincero, seré yo mismo...

Por más que tus fuerzas pretendan
detenerme. Seré valiente, seré
persistente, y por el amor mujer
que no tuviste, luchare...

Gritare más allá de mi voz,
y volare más allá de mis ojos.
Amor, yo por ti vagare, más allá
de mi horizonte, y temprano llegare
a tu frontera...

No voy a dejar de amarte.
Ni aunque tu olvido lo quiera.
Ni aun sabiendo que un sueño,
te haga despertar en otras tierras.
No voy a dejar de amarte, como te
ama mi bandera.

5

Despierto desolado, y la almohada
a mi lado reclama. Me hace usted
tanta falta. Una lágrima navega en mi mejilla.
Tan extraña, tan amarga e incomprendida…

Parece que el mundo ha acabado, y sin
embargo hay tanta vida. Su rostro en el
espejo al maquillarse. Su afán por no llegar
tarde nunca, y su voz al llamarle. ¨sigo viva¨
¨estoy bien¨ al contestarme…

Me hace usted tanta falta, que sobra
aquí tanto espacio y el reloj, marca horas que
duran la misma eternidad. Parezco naufragar
en las aguas del amor que son profundas.
Que son salvajes e innavegables, sin barca,
o corazón que me dirija…

Atardece y sigo solo, recordando sus palabras.
El brillo de su pelo, el color de sus ojos.
Su frente en alto, y esa piel de sus manos
que es tan blanca, como nieve, como nube…

Me hace usted tanta falta, que un poema no basta,
ni cien años de soledad. Ni el canto de un suspiro
alcanza. Yo sé lo que digo, me hace usted tanta
falta.

6

Sin saber te diste cuenta,
que ocupabas tanto espacio,
que me echaste a la frontera.
Al cerrar tus ojos, al cerrar la puerta…

Sin saber te diste cuenta.
Que la tierra gira tan despacio.
Y fue tan de prisa el adiós de tus
manos. Que pude ver volando
un suspiro, que al andar se fue perdiendo…

Sin saber te diste cuenta.
Que tanto te fui queriendo y que
poco me fuiste amando. Parece un trato
justo, si tanto es poco, y poco es tanto…

Sin saber te diste cuenta, que mis
versos se fueron contando, los soles,
las lunas, las tardes. Sin saber te diste
cuenta. Que al cerrar la puerta, siempre
queda un poco abierta…

7

Quiero darte poesía, aun siendo tarde.
Andando entre bosques obscuros.
Pisando las ruinas del día. Quiero darte
poesía, en esta noche fría...

Con mi aliento de versos rimados.
Con la piel de tu cuerpo en mis manos.
Quiero decirte poesía, porque naces
del alma mía...

Vertiéndote en frases, colores, puntos,
comas y espacios. A texto, a tinta y borrones.
Quiero darte poesía, cuando eres tú, el vientre
de mis ilusiones...

Quiero darte poesía, sin esperar emociones,
o un suspiro vagando lejos de tu boca.
Quiero decirte poesía, que la aurora sin
ti se ha vuelto loca...

8

Al despertar te extrañare.
Con el aura en tu mirada,
destello de azul encendido.
Con lo bello del viento,
navegando entre suspiros, a las
costas de tu pelo…

Al despertar te extrañare.
Porque habrá tanto espacio,
y porque a ausencia del ruido,
el silencio en soledad será
muy amargo…

Al despertar te extrañare.
Haciendo de rimas tus alas,
tu aureola, tus nubes, tu cielo.
Cayendo de prisa hasta el suelo,
de frente, a una calle sin nombre…

Al despertar te extrañare.
Hablando de todo y de nada.
Echando de menos el alma, y
ver nacer el alba como algo
normal. Como algo que pasa…

Al despertar te extrañare. Por que
fuiste aquel sueño que duro tanto
tiempo. Que odio estar consiente ahora.
Al despertar te extrañare.
Sintiendo a mis pies un desierto,
sabiendo que ya no me esperas…

9

¿Cuánto sueños construyen tus manos?
Y ¿Si fuese yo un pintor? y ¿Si fuese yo
un cantante? Y ¿Si fuese yo escritor?
¿Podrás amar amarme?...

Cuando llegue la tarde ¿Estarás presente,
para ver caer mis manos y rendirme al cansancio?
Aseguro que si cuando dices que no.
Cuando todo al revés suena cuerdo en tu boca,
y no protesto...

¿Cuántos sueños construyen tus manos?
Pregunto sabiendo que te amo. Que más tarde
nunca, que nunca y más tarde. Que después
y hasta siempre. Cuando venga con la herida,
y la tristeza en mis años;
¿Podrás entonces amar amarnos?

10

Sentado en el suelo. Rodeado por hojas
que adornan los poemas que te he escrito.
Ninguno ha faltado, aquellos versos que te he
inventado...

Si bien corrí con suerte al haberte encontrado,
tú también lo hiciste. Pues viste aunque distante,
emerger de mi boca, los suspiros, de quien mas
te ha amado...

A mi manera, me hice el amigo de tu cordillera.
Aprendí tu existir y ame cada tarde, que otra vez
distante observaras, queriendo y no pensar en mí...

¿Cómo piensas ahora? Que quieres olvidar
a quien más has pensado ¿Cómo sientes ahora?
Que quieres ignorar al que más te ha buscado.
Sentado, rodeado de versos que hoy lloran rimando...

Ninguno me ha faltado, y aquel que aún no había
llegado, lo vi emerger de tu silencio y colarse entre
mis manos. Ahora te escribo, que bello
invierno en tu olvido...

11

Es triste hablar después. Cuando
un sueño sello la despedida de los
dos y quizá para toda la vida. Es triste
hablar después, mis mares naufragan a
la orilla de tu alma…

Es triste hablar después. Aun sabiendo
que nada es todo por decir. Cuando dices,
fue mejor no mentir, sabiendo que hubiese
muerto contento engañado. Es triste hablar
después. Cuando tú ya has callado…

Libero a esta hora un suspiro, que arde y
llora, por no llevar la alegría. Esa que jugaba
al pensar e imaginar, que llegaba a tu mejilla.
Y en un beso, ahí permanecía para toda una vida…

Es triste hablar después. Cuando sabes que
el ahora, es todo por decirse. Que el reloj me
desarma y envejece. Es triste hablar después.
Cuando crece el amor, aun después de ti…

12

Ahora eres libre, para salir y vagar,
sintiéndote libre contigo misma, y el
mundo entero a cuestas...

Ahora eres libre, para no pensar en mí,
sin que haya problemas.
Sin que yo me dé cuenta...

Ahora eres libre, para echar a andar tú
vuelo, tan alto como siempre quisiste
y no permití, por miedo a rozar una estrella...

Ahora eres libre, para vivir como siempre
soñaste. Para soñar como siempre viviste.
Para callar lo que a veces dijiste...

Ahora eres libre, para buscar en quien
quieras, unos brazos de abrigo. Un bastón
en tu camino. Ahora eres libre, para aun
volver a casa, y decirme que nunca te fuiste...

13

Quisiera volver a verla.
Descolgando del balcón
una estrella. Con sus ojos,
perderme y encontrarme...

Ahogado en la piel de su
espalda blanca, que es de nieve,
que es de invierno. Quisiera volver
a verla, aunque fuese poco tiempo...

Verla divagar con sus manías.
Con sus gestos, sus caricias.
Con sus sueños de almohada.
Con su drama y su comedia...

Quisiera volver a verla. Cayendo
a mis pies su vestido. Alma libre,
belleza interminable. Volver a verla
en mi paisaje...

Así detrás del maquillaje, y verla
andar sin equipaje. Saber que ella
existe. Que puedo alcanzarla, atarla
a mis brazos y no soltarla...

Quisiera volver a verla. Tan suave
el ayer en sus manos. Su color
de infinito, su fragancia a perfume.
Y lo bello de saber que alguna vez
estuve, más allá de su aliento, más allá
de este verso...

14

Oh bello amor de mi vida.
Mírame entonces aquí, aquí
todavía. Aun después de tu sombra,
aun después de tu ausencia,
haciendo labor de presencia…

Aferrado al ayer en tu risa,
reviviendo momentos sin prisa.
Tus ojos, tus manos, tu alegría.
Oh bello amor de mi vida.
De almas valientes, la tuya y la mía…

Mírame entonces aquí, aquí todavía.
Invitándome a rendirme esta tú olvido.
Pretendo entonces no soñar dormido,
por miedo a despertar y saber que ya
te has ido. Oh bello amor de mi vida,
callado aquel suspiro…

Oh bello amor de mi vida.
Y si me has engañado, sabes que solo
vengo aquí por ti. Y si me has olvidado,
sabes que solo estoy pensando en ti.
Mírame entonces aquí, aquí después sin ti…

15

Infinita sea tu gracia, que al hacerme feliz,
me hiciste dichoso. Desempolvaste mis alas,
me enseñaste a usarlas, y vagar a lo lejos,
buscando mis sueños…

Fui una estrella distante, y príncipe tantas
veces, y esos cuentos que inventaste. Fueron
bellos, fueron eternos. Infinita sea tu gracia, que
hiciste frases con tu magia a pleno invierno,
y las viste florecer a los pies de tu pelo…

He me aquí entre despierto. Con los ojos al sueño,
y un pie a la realidad. Protestando entre fronteras,
de lo bello y lo real. Infinita sea tu gracia, tu que
debes caminar, y yo seguirte en mis suspiros…

Puedo ahogar al mar en mi llanto y reír, pero ni
tonto ni tanto. Infinita sea tu gracia, porque así eres tú.
Infinita en este amor que sigue, que lucha y no se vence.
Infinita sea tu gracia, como eres, como quieres…

16

Parece que hubieses volado.
Asomado en el balcón, noto que
falta tu canto. Hay tanto espacio
en mi horizonte. Tanto campo, tanto
árbol, tanto llano…

Parece que hubieses volado. Te echan
de menos mis manos, que tocan y
acarician el aire. Tan presente, como
guerra en la tierra. Tan bella, con el arte
en las frases de tu boca…

Parece que hubieses volado. Viajan solas
las palomas. Hace ruido tanto
espacio. Cae la luna tan deprisa,
y corren los valles a desagüe
hasta la nada…

Parece que hubieses volado.
Me dice a susurros el alma.
Guarda calma dice el tiempo.
Y tu ¿Qué esperas? La esperanza.
Pareces que hubieses volado.
Me dice el sol, que te ha observado…

17

Me siento afortunado. De
beber el mismo aire que beben
sus labios. De pisar el mismo suelo,
aunque distantes, compartir el mismo
cielo…

Me siento afortunado. Por que
sé que en alguna parte, usted sonríe,
discute, olvida y se enamora.
A buena hora vine yo a enterarle…

Me siento afortunado. Aunque
cueste inevitable no callarlo.
A sabiendas que nos quema el
mismo sol. Que nos baña la
misma tormenta…

Me siento afortunado. Aunque usted
no lo sepa, o haga por no darse cuenta.
De seguir en mis sueños sus pasos,
aunque vayan de paso, aunque lleven destino.
Me siento afortunado de seguirla en su
camino.

18

Te encontré a mitad del camino.
Después de tres huellas, cada una
a su tiempo, cada una y sus momentos,
recuerdos y adiós…

Te encontré a mitad del camino. Un
poco despierta, un poco dormida. Pero bella
así como eres. Te escribí tantos versos,
y soñé, soñé contigo…

Te encontré a mitad del camino.
Disfrazando al amor de amistad, fui tu
amigo, y en mi alma, siempre algo más…

Te encontré a mitad del camino, e hice
míos tus miedos. Tus ansias, tus ganas, tus
sueños y esperanzas más lejanas…

Te encontré a mitad del camino. Con media
vida a pasado, y una eternidad en la mirada.
Parece que nada hubiera pasado. Parado
a mitad del camino, viendo cómo te aleja el
destino, y el viento comienza a disolverte…

19

No moriré, solo me iré por un rato.
No desordenes mis papeles, no descuelgues
mi traje. No olvides mi nombre...

No moriré, solo me iré por un rato.
No eches al olvido los recuerdos.
No desmanteles el rincón donde duermo...

No moriré, solo me iré por un rato.
No me despidas con tus flores. Ni
digas que lloras mis dolores, que voy y vuelvo...

No moriré, solo me iré por un rato.
No almacenes mis palabras en el alma.
Saca a la luz los momentos, y dales aire,
que voy y vuelvo...

No moriré, solo me iré por un rato.
Desde lejos te cuidare, cuando des paso
en falso ahí estaré. No moriré, solo me iré
por un rato. Y vas a verme volver a tus brazos...

20

Me queda quedarme callado, aunque
duela. Mirar como cierras tus ojos, y
apagas tu risa. Tenderte al viento,
desempolvar tus pestañas, y alzar tus alas...

Me queda verte caminar muy despacio.
Atando tu pelo, guardándolo un rato.
Oírte callar, cuando eras melodía, y
gestos de alegría...

Me queda esperarte en mis sueños, y no
verte llegar cuando este yo despierto.
Pensar como estas sin saberlo a ciencia
cierta...

Me queda ahogarme en tu perfume,
ese que a suspiros, lo bebía a pulmón.
Ver brillar tu piel a los rayos del sol, y pensar;
¨oh regalo divino¨...

Me queda divagar en la locura que ofrece
la poesía, ahí donde siempre eres mía.
Donde no ensucia la envidia y la vida es eterna.
Me queda quedarme, con el alma en las manos,
y estos versos sin ti enamorados.

"CUANDO ME HABLAN DEL AMOR"

......

Cuando me hablan del amor,
me diluyo en sus fronteras.
Brincando de una en una sus
estrellas. Oh" cuan hermosa
bandera. Mágicas tierras,
que atrapan mi encanto, y es
que la amo tanto...

Cuando me hablan del amor,
navego sus aguas, su cielo, y soy
su viento, y soy su espacio.
Parezco campo, rendido a sus pies
inevitable. Siendo ocaso, siendo tarde...

Imposible es no sentarme a
contemplarle. Entregado en cada
frase, en cada nota, en mil paisajes.
maquillado en el alma va su nombre.
Y su piel de cien colores, me
desarma si me toca...

Cuando me hablan del amor,
somos ella y yo, y otros miles
mas. En cada calle, en cada pueblo,
en la ciudad. Somos ella y yo, sin
importarnos el destino a donde va...

Tan bella si quiero soñar.
Tan libre que va más allá, de su
pelo, sus ojos y el mar. Hago
espacio y suspiro. Y sé que ella
viaja conmigo, sé que me da identidad…

Me entrego al horizonte.
dibujo al firmamento en una nube, y
soy el alba, y voy de nuevo. Y es que
la amo tanto. Cuando me hablan
del amor, pienso en Venezuela.

·······

Printed in the United States
By Bookmasters